Fiestas

Día de la Independencia

por Erika S. Manley

Bullfrog Books

Ideas para padres y maestros

Bullfrog Books permite a los niños practicar la lectura de texto informacional desde el nivel principiante. Repeticiones, palabras conocidas y descripciones en las imágenes ayudan a los lectores principiantes.

Antes de leer

- Hablen acerca de las fotografías. ¿Qué representan para ellos?

- Consulten juntos el glosario de fotografías. Lean las palabras y hablen de ellas.

Durante la lectura

- Hojeen el libro y observen las fotografías. Deje que el niño haga preguntas. Muestre las descripciones en las imágenes.

- Lea el libro al niño, o deje que él o ella lo lea independientemente.

Después de leer

- Anime a que el niño piense más. Pregúntele: ¿Celebras el Día de la Independencia? ¿Cómo lo celebras?

Bullfrog Books are published by Jump!
5357 Penn Avenue South
Minneapolis, MN 55419
www.jumplibrary.com

Library of Congress Cataloging-in-Publication Data

Names: Manley, Erika S., author.
Title: Dia de la Independencia / por Erika S. Manley.
Other titles: Independence Day. Spanish Description: Bullfrog Books edition. | Minneapolis, MN : Jump!, Inc., 2018. | Series: Fiestas | Includes index.
Audience: Age 5–8. | Audience: K to Grade 3.
Description based on print version record and CIP data provided by publisher; resource not viewed.
Identifiers: LCCN 2017041647 (print) | LCCN 2017037451 (ebook) | ISBN 9781624967382 (ebook)
ISBN 9781620319895 (hardcover : alk. paper)
ISBN 9781620319901 (pbk.) | Subjects: LCSH: Fourth of July—Juvenile literature. | Fourth of July celebrations—Juvenile literature. | Classification: LCC E286 (print) | LCC E286 .A1393717 2017 (ebook)
DDC 394.2634—dc23 | LC record available at https://lccn.loc.gov/2017041647

Editors: Jenny Fretland VanVoorst & Jenna Trnka
Book Designer: Leah Sanders
Photo Researcher: Leah Sanders

Photo Credits: busypix/iStock, cover; KidStock/Getty, 1, 11, 23tl; Picture Partners/Alamy, 3; Milleflore Images/Shutterstock, 4; Africa Studio/Shutterstock, 5, 23tr; Ariel Skelley/Getty, 6–7; Gene Bleile/Shutterstock, 8–9, 22tr; Cory A Ulrich/Shutterstock, 10; LauriPatterson/Getty, 12–13; Gino Santa Maria/Shutterstock, 14–15, 22bl; Ryan McVay/Getty, 16, 23br; Naaman Abreu/Shutterstock, 17 , 22br, 23bl; Flaffy/Shutterstock, 18–19; kali9/iStock, 20–21, 23ml; Leonard Zhukovsky/Shutterstock, 22tl; pavalena/Shutterstock, 23mr; Creativeye99/iStock, 24.

Printed in the United States of America at Corporate Graphics in North Mankato, Minnesota.

Tabla de contenido

¿Qué es el Día de la Independencia?

¡Es Día de la Independencia!

Es un día festivo en los E.U.

Es en el 4 de julio.

Le llamamos el Cuatro de Julio.

¿Qué celebramos?
¡Libertad!

Declaración de
Independencia

8

En este día de 1776, líderes firmaron un documento el cual decía que el país era libre.

Ya no sería parte de la Gran Bretaña.

¿Cómo lo celebramos?
Ondeamos la bandera.

bandera

Nos vestimos
de sus colores.

¿Cuáles son?

Rojo, blanco y azul.

Hacemos picnics.

Miramos
los fuegos
artificiales.

¡Bonito!

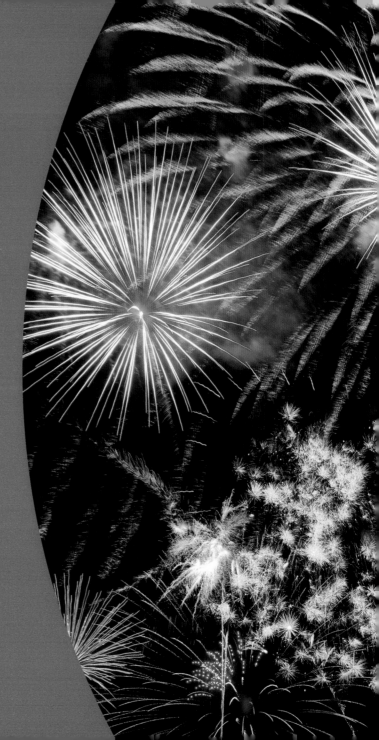

Hay desfiles en las ciudades.

Tocan las bandas marchantes.

Los flotadores pasan y se van.

17

Preparamos bocadillos festivos.

Son rojos y azules.

¡Rico!

¡Feliz Cuatro de Julio!

Símbolos del Día de la Independencia

bandera americana
Un símbolo de los Estados Unidos.

fuegos artificiales
Dispositivos ruidosos y explosivos que estallan en el cielo y en colores brillantes.

Declaración de Independencia
El documento que firmaron los líderes del país para declarar independencia de Gran Bretaña.

desfile
Un evento público para celebrar un evento especial.

Glosario con fotografías

bandas marchantes
Bandas que tocan sus instrumentos mientras marchan.

flotadores
Vehículos o remolques decorados para un desfile.

celebrar
Recordar de una manera especial.

Gran Bretaña
Un grupo de naciones en Europa que controlaron a las colonias americanas en 1776.

festivo
Relacionado a una fiesta.

libertad
El estado de ser independiente y no estar bajo el poder de alguien más.

Índice

Para aprender más

Aprender más es tan fácil como 1, 2, 3.

1) Visite www.factsurfer.com

2) Escriba "díadelaindependencia" en la caja de búsqueda.

3) Haga clic en el botón "Surf" para obtener una lista de sitios web.

Con factsurfer.com, más información está a solo un clic de distancia.